东方
文化符号

苏州园林

刘珊　著

江苏凤凰美术出版社

图书在版编目（CIP）数据

苏州园林 / 刘珊著. —— 南京：江苏凤凰美术出版
社，2024.6
（东方文化符号）
ISBN 978-7-5741-1254-4

Ⅰ.①苏… Ⅱ.①刘… Ⅲ.①古典园林–介绍–苏州
Ⅳ.①K928.73

中国国家版本馆CIP数据核字（2023）第164731号

责 任 编 辑　舒金佳
摄　　　影　邵世海　冯方宇等
设 计 指 导　曲闵民
责 任 校 对　施　铮
责 任 监 印　张宇华
责任设计编辑　赵　秘

书　　名　苏州园林
著　　者　刘　珊
出版发行　江苏凤凰美术出版社（南京市湖南路1号　邮编：210009）
制　　版　南京新华丰制版有限公司
印　　刷　盐城志坤印刷有限公司
开　　本　889mm×1194mm　1/32
印　　张　5.375
版　　次　2024年6月第1版　2024年6月第1次印刷
标准书号　ISBN 978-7-5741-1254-4
定　　价　88.00元

营销部电话　025-68155675　营销部地址　南京市湖南路1号
江苏凤凰美术出版社图书凡印装错误可向承印厂调换

目录

第一章　诗意的居住

苏州，湖山秀美，人文荟萃，地杰物丰。悠久的历史给苏州留下了大量的文化遗产。中国的"文化四绝"是指山水画、烹饪、园林和京剧，其中园林就是一朵绚丽的艺术之花，一多半集中在苏州。如此多的数量，再加上如此高的造诣，在当今世界也是少有的。一个城市能拥有如此多的古典名园，确实是一种骄傲。

苏州古典园林的历史可以追溯到公元前 6 世纪吴王的园囿，历经了 2500 多年沧桑变化的苏州古城创造了世界城市建筑史上的奇迹。苏州古城积淀深厚，是吴文化的重要标志。春秋时吴国争强于列国，两汉六朝期间苏州是江南一大都会，唐宋以来"上有天堂，下有苏杭"的赞誉让苏州举世瞩目，到了明、清两代，苏州更是孕育了众多的历史遗存。这些精致典雅、古朴沧桑、洋溢着人文气息的遗产是人类智慧的结晶，是中华民族的历史基础和文化沉淀。作为中国历史遗产中一朵绚丽的艺术之花，苏州古典

园林从东晋南渡出现造园记载始，一直到明清时期的鼎盛发展，形成了独特的艺术风格，具有高度的艺术成就。世界遗产委员会评价其是"在咫尺之内再造乾坤"的典范。

第一节　富饶的江南鱼米之乡

苏州在春秋时期就是吴国的中心，凭借强大的经济力量，吴王敢于在列国中称雄。从两汉到六朝，苏州一直是江南的政治、经济、文化中心之一。三国的孙权时期，苏州已成为江南大都会。从汉末大乱到隋文帝一统中原的三四百年间，社会动荡不安。东晋南渡之后，中原士族迁徙江南，苏州的秀丽山水和舒适生活第一次被北方士人发现，吸引了很多人来到此地颐养天年。隋文帝统一中国后，由隋至唐300多年间，江南社会稳定发展。特别是隋炀帝为了游历江南开凿的大运河，方便了江南与中原的交通，使经济中心逐渐南移，那时的苏州一派繁华景象。"当今国用多出江南，江南诸州，苏最为大"，著名诗人白居易曾这样赞美苏州。五代十国的割据使统一的中国再次陷入分裂，经济遭到破坏，但对南方经济的发展却有一定的促进作用，苏州经济也得以继续发展，成为全国最富饶的地区之一。到了两宋时期，苏州地区遭受战争蹂躏的次数和破坏程度在全国来说是最少和最轻的。受破坏最严重的一次当算是南宋初年的金兵南侵，苏州城一度被破，但金兵一退，这里的社会经济又逐步恢复了。所以，这一时期的

清人画中的苏州城

苏州已经成了全国最为富庶的鱼米之乡。宋代流行"天上天宫，地下苏杭""苏湖熟，天下足"等谚语，那个时期的苏州是全国丝绸业的中心，经济繁荣，被看作是全国的"天堂"和"粮仓"。元代，因忙于征战，整个经济处于滞缓状态。苏州城地处太湖平原，向来无险可守，多次兵

火烧到苏州城外就熄灭了。苏州守军遇到敌军进袭，往往一触即溃，所以客观上保存了城内众多的古典园林建筑。元末，张士诚占据苏州，在这里称王，建大同政权，又使苏州偏安了足足10年。江南诸城市多是商业和手工业的重要产地，明、清两代，手工业迅速发展，出现资本主义经济的萌芽，苏州更加繁荣发展。明代苏州一府的田赋就占了全国的十分之一左右。明代中叶，土地肥沃、物产丰富的苏州，同时又成为商业城市。交通便捷，商贩云集，社会日渐繁荣。富足的社会经济条件为苏州园林的建设提供了充足的物质支持。

随着经济的发展，苏州地区的文风也逐渐胜于其他地区。诗人、画家辈出的苏州，逐渐成为江南最为富庶且又有深厚文化艺术内涵的城市之一。诸多官僚、富商、文人雅士，兼并土地，争相造园。园林既是享乐和吟诗作画之所，又是附庸风雅、颐养天年的安乐窝。以苏州为代表的吴文化清雅明慧、精细玲珑，体现在园林造景中，则表现为咫尺千里、情景交融，既有物质享受，又有自然情趣。私家园林一般都占地较小，不像皇家园林那样能够容纳许多景致，但它却别有韵味。能令人流连忘返，其关键就是园景中融合了园主的阅历与修养。主人的思想境界越高，其园林所表现的诗意也就越浓。自宋元以来，苏州就是士大夫文化与市民文化高度统一的城市。到了明清期间，苏州、无锡一带，官僚文人集中，苏州籍的士子衣锦还乡，或是失意退隐，纷纷回到故里。他们为了尽情享受生活，一方面要维护当地社会的安定，另一方面又竞相争奇斗巧、置宅造园。而他处的官僚地主也往往羡慕苏州的风物优美，选择来此处颐养天年。因而明朝中期，官僚文人成为造园的主体，在苏州形成了一个大的造园高潮。

从自然地理条件来看，苏州既有自然风光，又具历史底蕴。自宋代以降，苏州城内车船并进，历史上就有"六门、三关、五鼓桥""七塔、八幢、九馒头""三官、九观、廿四坊"之胜状。正因如此，苏州地区具备了造园所需最优越的自然条件。筑山开池是园林的根本，苏州城内河道纵横、湖泊罗布、水源丰富、运输便利。附近盛产石材，洞庭西山所产太湖石是筑园用石的佳品，颜色深浅变化丰富、瘦漏皱透，自唐朝以来就全国闻名。这些自然和历史条件大大促进了园林艺术的发展，就地取材的苏州园林再现了自然，蕴含无穷的意境。

第二节　苏州园林的历史积淀

从园林本身来说，苏州园林是时间的艺术、历史的艺术。早在 2500 年前的春秋时代，吴大城作为吴国的都城，历经了阖闾、夫差两代君王。吴王阖闾利用苏州郊外一带的自然山水兴建姑苏台，吴王夫差在此基础上进行扩建。姑苏台高 1000 米、宽 280 米，有九曲路拾级而上。登上巍巍高台可以饱览方圆 100 千米范围内的湖光山色和田园风光，其景色冠绝江南，闻名天下。高台四周植有四季之花、八节之果，横亘五里，供吴王逍遥享乐。姑苏台规模宏伟、建筑华丽，是苏州最早的皇家花园。

从两汉起，园林开池筑山，模仿自然。如西汉梁孝王刘武的兔园，宫观相连，横亘数十里。可见园林使用大量建筑与山水结合的范式已经有 2000 多年的传统了。南北朝时期,社会动乱,佛教流传,崇尚清淡。在这段中国历史上政治黑暗、社会混乱的时期,士大夫阶层因精神苦闷,或是颓废纵欲、放荡不羁,或是隐匿山林、陶醉于田园之乐。返归自然的道家思想重新受到了重视,特别是庄子的隐士生活方式,成为许多士大夫效仿的对象。他们热衷于山林间的静思默想,出现了以山居岩栖为高雅的风气,这种追求美丽风景、静观世界的认识方法,是文人园林产生的基础。这种园林不同于气势辉煌的帝王花园,也不同于斗富炫耀的府邸园林,目的是模仿自然山水,创造一个清淡的生活环境。因此,造园时多以自然为主,鲜有人工的痕迹。东晋南渡之后,中原士族迁徙江南,苏州开始出现了更多造园的记载,私家园林逐渐兴起,造园艺术也有了新的发展,即使是一些身居官位的文人在修建自家园林时也讲究自然清雅。例如南朝宋戴颙在苏州建造的园林,以聚石引水、有若自然而闻名。同时,这一时期由于佛教盛行,很多南朝的达官显贵将自己的私宅和园林捐献出来改作寺院。舍宅为寺的做法将风景园林带入了寺院,推动了佛教中国化,并从神秘化逐步转为人情化。所以,此时的寺庙建筑也如雨后春笋般涌现,仅梁武帝在位的 45 年中,苏州就兴建了 32 处寺庙。寒山寺、灵岩寺、光福寺等都是当时所建。

隋唐时期,苏州在园林建设上也有了进一步发展。当时的虎丘、灵岩、石湖和洞庭东、西山等都已成为风景优美的游览胜地。以自然山水为主，追求山乡野趣，成为隋唐时期的造园风格之一。五代十国，苏州经济保持着发展，官僚贵族的造园活动也没有中断。吴王钱镠之子钱元璙被封为广陵王，镇守苏州。他非常爱好园林，大兴土木，建造了南园和东庄。那里山池亭阁、奇花美石，经营了30年。他的部下也效仿他的爱好大造园池，现在的"沧浪亭"就是在其外戚孙承佑营建的花园遗址上经过历代改建而成的。由此可见，那时的苏州造园活动相当活跃。

宋朝时期，苏州造园活动更是风行一时。宋代士大夫在苏州造园的有苏舜钦的沧浪亭、史正志的万卷堂（即网师园前身）、蒋希鲁的隐园、朱长文所造的乐圃。其中最有名的就是诗人苏舜钦的沧浪亭。苏舜钦在1045年遭贬后南迁苏州，买下了孙承佑家几近荒废的园林，将之修建成为一代名园"沧浪亭"，并留下了"绿杨白鹭俱自得，近水远山皆有情"的名句。宋朝时期的苏州已经是衣食住行的天堂，许多皇亲国戚、达官贵人都喜欢在苏州营建"安乐窝"。所以，苏州成为私家花园的荟萃之地，先后出现一批官僚、士族的园林。这些园林以水、竹、柳、荷等景色见长，富有江南特色。有些就近取太湖石点缀，使园林渐渐形成了赏石叠山之风，造型手法和布局章法也越来越多。被誉为苏州园林艺术精品的网师园也始建于此时，各式园林因自然山水秀美而更觉妩媚多姿。

倪瓒绘《苏州狮子林图》

元代，蒙古人统治江南90年，这一地区的私家园林仍然没有停止建造，成为中国古典园林从两宋到明清这一段历史时期的过渡。元末，张士诚造有锦春园，园内假山池塘、厅堂楼阁，式式俱全，并别出心裁地把锦帆泾疏浚成御园河，和妃子们在此扬帆荡舟。此外，这一时期最有名的造园家要数倪瓒了。倪瓒是元代四大画家之一，他擅长表现疏木平林、村野田园那种孤寂清幽的气氛，对中国山水写意画的发展有很大贡献。倪瓒自幼对园林的感情很深，1342年，他帮助高僧天如维则禅师在苏州构筑的狮林寺（即今狮子林），园内石峰林立，玲珑俊秀，山峦起伏，反映出精巧的艺术构思和卓越的叠石造山技艺，成功地将绘画风格应用于园林，创造了富有静谧之气的城市山林。

苏州的私家园林在明、清两代进入了全盛期，其显著的特点是数量多、分布范围广，掀起了一个造园活动的新高潮。留存至今的拙政园、留园、艺圃、五峰园等，都始创于这一时期。大小官僚文人争相造园，形成风尚，使苏州成为著名的园林城市。明中晚期，市民文艺形式呈现多样性，小说、戏曲、版画等艺术融入市井文化。同样，园林也成为市民文化生活中不可缺少的一部分，逐渐从文人雅士抒发情感、追求精神享受的高级形式，发展为全民广为喜爱的普及活动。总体来说，从明中叶到清初，在文化经济发达的江南，无论是城市宦官的大宅院，还是乡镇小巷的普通民居，都可见造园活动。

明清时期苏州园林的精品可谓硕果累累，并涌现了一批造园艺术家。如明代计成、张涟和周秉忠，清乾隆时的戈裕良、石涛和仇好石等，都曾名噪江南。山水画和园林在摹写自然方面有共通之处，因此南宋以后画家参与造园设计的逐渐增多。对园林艺术理论贡献最大的是明末的计成。计成是苏州吴江人，少年时期以擅长画山水知名，属写实画派，并喜好游历风景名胜。中年以后回到江南，定居镇江，从事造园。他以毕生的经历在明崇祯年间撰写了《园冶》一书，较系统地抒发了他的造园主张，将江南的造园技术誉为"夺天工"之作。明确提出了"虽由人作、宛自天开"的艺术宗旨，表明了园林造景应该以自然雅致、浑然天成为最高的艺术追求。同时，《园冶》分章论述了园林艺术的规划布局、园地选择、堆山理水和借景对景等设计方法，第一次对中国园林艺术进行了全面的、系统的理论总结，也确立了江南私家园林在中国园林艺术上的重要地位。

第三节 居城市而享山林之乐

苏州现存的古典园林中，私家园林的数量占了90%以上。品评和鉴赏留存至今的江南私家名园，可以发现它们往往具有下列一些特点：

首先，从造园的空间组织、空间能力上看，苏州园林具有小中见大、曲中见远的特点；从园林所处的位置看，

姑苏繁华图景

私家园林大多与住宅和府第相连，一般都位于住宅的后面或侧面。居住的部分有明确的轴线，组成层层的厅堂和院落。园林部分一般面积不大，多的有十来亩，小的也就几亩地。这从现存的文人古园的题名上也可反映出来。如苏州的壶园，因其空间小而好似一把茶壶而得名。小对建造园林是不利的，在有限的面积中既要满足人们正常活动的空间，又要使之可游、可行、可观、可居，这就要求在造园时要追求"一峰则太华千寻，一勺则江湖万里"的手法，在小的范围内表现出大千世界的美景。古代园林家自如地掌握了这种艺术创作的辩证法则，着重通过曲折迂回的手法划分空间，在主体建筑确定之后，对周围的堆山理水就如同描绘一幅三维空间的山水画一样，缩小山体的高度和水体的深远，达到小中见大、曲中见远的意境。园中的亭台廊桥也均以小巧为上，使人居城市而享山水林泉之乐。同时，园林中的景致，通过很多细节可以表现出其排列布置都经过了反复的锤炼，形成明暗、高低、大小的对比。比如在墙体上开窗，形成光线的明暗变化。利用假山、植物遮挡视线，形成丰富的空间层次；或者是通过石头的堆砌、地面的抬高，形成视线的变化效果等。以网师园为例，园中一堵高墙分隔开了住宅和庭院，墙上只开了两个很小的门。从住宅部分的廊道走向墙上开的门，会感觉光线由幽深的黑暗逐渐变亮。穿过门，视线豁然开朗，一个很开阔的园林出现在眼前，大小空间的对比十分明显，空间的韵律也由此体现。所以，苏州园林写意山水式的造园特色，就是在有限的空间内，通过多种独特的造园手法，集山光水色于一身，创造出丰富多彩的景观。

其次，从造园的风格特点来看，苏州私家园林因地制宜，就地取材，借天然湖泊之水，用洞庭西山所产之石，注重塑造江南的韵味特色。造园时要外师造化，中得心源，因地制宜，妙造自然，才算得体。中国古代的士人一般都具有较高的审美修养，对自然美较为敏感，又有丰富的游历经验，修建的园林当然是各有特色。所以，在布局和造景上，虽然苏州园林总体属江南水乡风格，有其一定的共性，但通常根据不同的环境条件，因地制宜地处理好园内景物的关系。例如：拙政园以水景为主，建筑简洁文雅，具有朴素开朗、平淡天真的自然风格；留园以筑山造池为主，庭院玲珑幽静，亭台隔水相望，华美而不俗；网师园则以精巧幽深见胜，有览而不尽之情致；沧浪亭苍古而清幽，是极富山林野趣的半园亭。同时，说到园中最引人注目的山水造景，其组合变化也是各有千秋。有的山水相依、水石交融，有的山水相争、互为格调。例如：拙政园中部，从主厅远香堂北望，池中之水与两座山岛之石相依相融，表现出一种平和协调的美；沧浪亭则一改堆山挖池的惯常做法，集中花园的全部用地，堆了一座土石相间的大假山，与从园外借来的池中水交错相映，并通过一条依山蜿蜒的曲廊贴水穿行而过，使内外山水相和，成为沧浪亭的独有

苏州留园铺地实测图

钱松嵒 (1899–1985) 所绘《沧浪亭》

风光。

　　再次，从品味园林的韵味和格调来看，苏州园林崇尚清高和风雅的情趣，一向被称为文人园林。江南古代的文人雅士精神追求反映在造园时，就如同是吟诗作画一样，以自然本真的山水情趣为精神寄托。所以，园林中的景色大多比较注重清高和风雅，尽显文心和书卷气。"清高"表现了文人士大夫们远避尘嚣、怡情丘壑的人生态度：把园中山池寓意为山居岩栖、高逸遁世；以石峰象征名山巨岳，以鸣雅逸；以松、竹、梅比作孤高傲世的"岁寒三友"；将荷花比作出污泥而不染的君子；等等。这类借景寓意的自我标榜，常用题名、匾联、园记和诗画等加以表述。如拙政园远香堂的题名，取自宋代周敦颐《爱莲说》中的"香远益清"，而扇面亭的题名"与谁同坐轩"则是引用苏轼"与谁同坐，明月清风我"的词句，孤高到了只有明月清风才能为伍。"风雅"则是追求一种散淡的情怀和闲适的心境。"雅"是中国传统美学中独有的范畴，宁静自然，风韵清新。苏州私家园林的风雅与文人诗画和文人造园密切相关。在某种意义上，文人造园与文人诗画是一致的。文人诗画是雅事，园林的赏玩是追求诗与画的境界，这两者都是寄情山水、吟咏性情的形式，渗透着文人的气息。文人园林是诗画的物化形态，造园如同作诗文绘丹青一样，讲究构图、意境和情趣。如苏州网师园内的书斋庭院"殿春簃"，格调雅，制作精巧。所以，游赏苏州园林，就会

沧浪亭正门

有种进入画境的感受，园景中的一山一水、一草一木、一亭一榭，都经过仔细推敲，无论站在哪个点上，眼前总是一幅完美的图画，既深远又有层次。就像吟诗作对时，对字句反复锤炼，使它们均妥帖地各就其位，有曲有直，有藏有露，彼此呼应，成为一部风雅动人的风景诗篇。

最后，从造园的主旨意图来看，苏州古典园林实现了诗意栖居的审美向往。园林就是一种诗意的栖居，在较小的范围之内，将居住功能与游赏功能密切结合在一起，实现"居"与"游"的统一。这种诗意的居住有两个至关重要的条件：可以舒适自在地居住，可以赏心悦目地游赏。苏州园林"可居"与"可游"兼顾，既讲究起居生活的舒适和方便，又重视自然美景的再造。在风雅的景致中读书、习艺、清谈和宴饮，让诗意主导着居所的内外，再内化为人的情感主体，体现了一种文人的人生态度。从"可居"来看，私家园林是人们休憩赏景、养性读书的地方。园林中建筑几乎都是清一色的灰瓦白墙，木构架也多是深褐色的。用青砖灰石、卵石和碎砖碎瓦等砌铺而成的台基及铺地，多选用格子纹、冰裂纹或简洁的植物花叶式样，其图案花纹虽由人作，宛如天然。室内陈设也多采用古雅的艺术品，用木板或用剖开大竹阴刻而成的匾额和楹联自然古朴。园林中的居住空间典雅清静、自然清新，是高雅闲居的场所。"可游"则是一种悠游山水、耽乐林泉的文人追求。春山淡墨，夏山苍翠，秋山明净，冬山沉寂。归隐市井的文人士族渴望在赏玩自家府邸的一隅山水之时，同样能够具有游历名山大川的情怀与心境。设计构筑中，采用因地制宜，借景、对景、分景、隔景等种种手法来组织空间，造成园林中曲折多变、小中见大、虚实相间的景观艺术效果。通过堆山理水、栽植花木、配置园林建筑，在都市内创造出人与自然和谐相处的环境。

在儒家文化中，智者比德于水，仁者比德于山，山水能影响人的气质。所以，在苏州古典园林中"赏"与"游"的最高境界就是物谐其性、天人合一、物我两忘，让人返璞归真，领略鱼鸟共乐、闻山水清音的真趣。苏州园林是浓缩的自然景观，把园林平面地展开就是一幅最逼真的山水画，畅游其中，时刻都能感受到园林文化的精妙所在。这种与自然亲近而又不偏废文化生活的追求，充分反映了中国古代的文人士大夫对于古典园林"居"与"游"相结合的理想生活环境的钟爱。

总而言之，苏州古典园林是江南私家园林最突出的代表。从东晋南渡苏州开始出现造园的记载，一直到明清时期的鼎盛发展，苏州现在保存的古代私家园林是全国最多的，也是艺术水平最高的。从年代上看，沧浪亭可以追溯到北宋中叶，狮子林始建于元末，艺圃、拙政园、留园、西园、五峰园等创建于明中叶至明末期间。园林虽然历史悠久，但现存遗物大多是明清时期重建或修葺的，主要还是反映了明清，特别是清代的风格。据记载，清末苏州的

留园岫云峰

姑苏留园

大小园林有 200 多处。直至今天，保存较好的著名园林尚有几十处，能够代表中国南方园林的总体风格。1997 年 12 月，以拙政园、留园、网师园和环秀山庄为典型例证的苏州古典园林被联合国教科文组织列为世界文化遗产。在对中国了解甚少的旅游者眼里，苏州园林是最好的博物馆，她的典雅古朴、精致秀气，享誉海内外。以亭台楼阁、池水假山、树木花卉为主体构成的园林景观，具有高度的艺术成就和独特的艺术风格，是江南最具代表性的文化符号。

第四节　文化艺术的大天地

苏州古典园林又被称为文人园，士人的隐居文化可以追溯至魏晋时期。园林的建筑、堆山、理水、植物四个基本要素在"天人合一"思想的指导下，以自然为标准形成了园林的审美观。苏州园林中所蕴含的文化首先体现在园林艺术本身所积淀的文化形式，即私家园林中具有的隐逸的人格思想，同时也指园林活动中所积淀的文化内容，如诗歌题对、琴棋书画、品茶饮酒、谈玄说佛等。这些内容依附于园林的楹联、匾额、题字、诗词、碑刻、绘画和戏曲等各种园林的文学艺术形式中，成为园林的灵魂。

1. 丰厚的文化积淀

苏州古典园林有着丰厚的文化积淀。在京杭大运河开通之后，苏州的经济迅速发展，上层人士热衷于读书求功名，下层大众则追求安居乐业。自两宋以来，苏州地区更

耦园城曲学堂内景

是文风鼎盛，号称文采风流天下第一。在苏州园林里，一亭、一台、一榭，仿佛都可以看到姑苏吴文化的镌刻。粉墙黛瓦、蜿蜒曲径、静水流深，无一不是温婉、深蕴的吴文化的缩影。而造园主人的文采风流、藏书画卷则是游览苏州园林最应仔细品味的文化细节。《楚辞》中"沧浪之水清兮，可以濯我缨；沧浪之水浊兮，可以濯我足"的沧浪亭，拙政园中取自李义山"留得残荷听雨声"的听雨楼、"清风起兮池馆凉"的清风池馆，无一不是文人情怀的体现。而园林背后的故事更是耐人寻味。就如耦园，园主沈秉成丧妻，又仕途失意，退官隐居姑苏，遇到了他此生的知己严永华。沈秉成酷爱藏书和诗文，严永华也爱写诗，两人便在仓街小新桥巷深处筑园。至今在耦园东院的墙上还刻有这位夫人的"耦园住佳偶，城曲筑诗城"，寓意两人同耕，佳偶天成。

除了吴文化的积淀，苏州园林中还蕴含着老庄哲学。"虽由人作，宛自天开"的造园法很符合老庄哲学"顺其自然，无为而治"的主张。《庄子·秋水》中的"鱼乐之辩"既是一个哲学认识论上的辩题，又是一个审美辩题，因而在园林建筑的名字中常常被提及。如苏州艺圃乳鱼桥、沧浪亭观鱼轩、留园冠云台边的"安知我不知鱼之乐也"，正是造园主人对老庄哲学理解的体现。道家崇尚"虚静终至""鱼鸟共乐"的逍遥思想就是这样通过江南园林的点睛之笔烘托出来的。

　　值得细细品味的还有蕴含其中的佛教思想，它为苏州园林文化增添了更加丰厚的内涵。唐宋以来禅宗风靡一时，士大夫们几乎"人人谈禅"，其思想不仅渗透中国古典园林艺术之中，而且对日本的园林艺术也产生了深远的影响。中国私家园林的兴起与发展，正是与当时的时代背景相符合的。文人们将人生意义的反思和玄学依托于宗教，抛弃凡尘世俗，专心研究觉悟之理。苏州留园东部是园主人的生活起居之所，而"佇云庵""参禅处""亦不二亭"构成了园主人佛事活动的场所，反映出园主宗教信仰与日常生活密不可分的关系。"佇云庵"是一个长方形小院，内有泉水、石峰，清爽宁静；"参禅处"在冠云楼偏东处，内有对联"儒者一出一入有大节，老者不见不闻为上乘"，表明参禅时必须保持心境清净，不为尘世所扰。对联的佛教思想与苏州私家园林标榜的出世隐逸、淡泊官场名利的主题十分契合；"亦不二亭"这个名字出自《维摩诘经》，是不借文字而言，靠"悟"而入道的意思。留园东部的"静观寺"是东部建筑群的核心，庭园不大，四周墙廊交错相叠，近在咫尺的可望之境，却不可直接抵达。且不说建筑上的艺术成就，单是"静观寺"的建筑形式就可以引发游赏者对禅的思考，表明园主对"止息杂虑"境界的追求。留园最富禅意的地方应当是"闻木樨香轩"了。此轩位于留园中部的最高点，轩似古代车马，四面开敞。每逢秋季，坐高轩之中，桂花的香气让人沉醉。"闻木樨之香"的禅

自在处的回廊暗输了"心得自在"

意是"直心是道",禅并非高深莫测的云霞,要得禅理,平凡直接就是悟道。"闻木樨香轩"散发出的隐约弥久的禅意,让人感觉似接禅机,徘徊不去。还值得一提的是拙政园的"雪香云蔚亭",亭内对联"蝉噪林愈静,鸟鸣山更幽"以声显静的手法表达了佛教的虚空之美,给亭周围渲染了禅的氛围。

此外,苏州园林的文化积淀还体现在对"隐逸思想"的追求。造园主人将园林筑于城郊和渡口边,既不脱于人世,又免于身处丘樊的冷寂,在有限的空间里营建属于自己的壶中天地。网师园的渔隐、退思园的静思、沧浪之水的清浊,这些园林的主题都是归隐。推而广之,几乎所有的构景、细部以及植物配置都力求达到类似的象征意义。苏州园林是文人士大夫对朝与野的折中选择,文人政客们既能与友人把酒言欢、吟诗作对,亦不必躲避时政、断绝朝廷,便是这些文人士大夫所追求的心灵境界的写照。

2. 多样的文化内容

苏州是人文荟萃之乡,苏州古典园林具有产权私有、历代经营、文化浓厚的特性,在传统文化背景下孕育,是特定历史时期的产物。作为东方文明的经典,苏州园林融合了中国古代文学与艺术,具有博大精深的内涵。园林的主人多是社会上流人士,注重人格修养,精通书画妙理。园林的设计者更是兼有文化和技术的全才,充分利用庭院地形和当地材料,把视觉艺术、传统文学和哲学思想有机

留园的古树沧桑

地统一起来。园主和造园者在文化品位上的契合，最终形成了苏州园林的人文特质。

　　理解苏州园林，就要懂得一些中国的诗文。没有一些唐诗宋词底子，便很难看懂苏州园林的精髓。就从园林的题名来看，大到园林的取名，小到山亭的匾额，字字精到。这些文字经过反复推敲，与周围的环境紧密相关，意寓其中。例如拙政园，取自古语"此亦拙者之为政也"，既是一种自嘲，又表达了另一层隐晦的含义，即从政者是拙笨的人干的事。网师园的意思是以网者为师，就是拜渔夫为师，一方面是说花园所在地是一片湖泊地带，另一方面又暗含了宁与渔夫樵子相交，不与世俗中人来往的意味。而退思园的"退而思之"、留园的"长留天地间"更是体现了苏州园林题名的深邃蕴意。除了园林的题名，一些厅堂亭台的命名也含蓄委婉，几乎都有诗句和典故的寓意。如拙政园西部有一亭上挂的匾额是"与谁同坐轩"，引自苏东坡的一句诗"与谁同坐？清风，明月，我"，委婉表达了园主不与凡夫俗子同伍的清高孤傲的气质。此亭轩是扇形亭，亭前有一汪水池，明月倒映入水池，松树立于亭后，有松涛之风的寓意，把亭名和亭景完美地结合在一起。拙政园的主厅"远香堂"用的典故则是周敦颐《爱莲者说》里的"出淤泥而不染，濯清涟而不妖，香远益清，亭亭净植"，寓意做人要清白、高洁。再如留园水池北岸的一幢楼房，楼上名"远翠阁"，楼下名"自在处"。"远翠"

一词，取自"前生含远翠，罗列在窗中"的诗句；"自在"一词，取自"高高下下天成景，密密疏疏自在花"的诗句。于此楼举目南望，留园中部景色尽收眼底，诗景相对，绝妙之极。所以，观赏苏州园林犹如读诗文，走在园中举目望去，步移景异。园林美景是作诗的母体，而诗文又是景色的注解，正所谓情景交融。

同时，苏州园林的字画陈设，包括匾额、楹联、挂屏、字画、条石等装饰构成元素以及家具、陈设等，无不集自然美、工艺美、书法美和文学美于一身，具有独特而高雅的品质。苏州古典园林厅堂斋馆中的陈设装饰品，也充分展示了中华民族的审美心理和文化素质。从园林的家具陈设来看，苏州是中国明式家具的主要发源地。明式家具造型简练，外形质朴，线条雄劲流利，结构比例和谐。苏州家具在制作上始终沿袭明式的风格和特征。而园林中的轩窗边、几案上所摆放的除了日用品之外，都是具有极高文化品位的器具陈设。例如网师园的古化石，留园的大理石插屏，营造出优雅的艺术氛围。即使是园林中的盆供摆件也是清雅的，浓缩山林风光于几案间，凝聚了大自然的风姿神采。

陈从周先生称苏州园林是"文人园"，这些园林饶有书卷气，是文人的兴之所至。园中有读书的书斋，有品文的吟馆，有挥毫的画轩，所谓"诗中有画，画中有诗"，处处皆有景，无处不入画。

拙政园文徵明手植的紫藤

狮子林假山

文人园居生活中的"琴棋书画"，是对当时文人风尚的总结。当时的文人追求博雅，将园林营造成"凝固的音乐"。文人艺术的意境是相通的，可以书法入画，可以曲调入境，可以棋品入园。如拙政园中园主弈棋的听雨轩，取"听雨入秋竹，留僧复旧棋"的诗意。而同样是世界非物质文化遗产的昆曲，其兴盛与苏州园林处于同一个历史背景下，同是在江南文化繁荣之时。苏州园林中常常设有欣赏昆曲的场地，花厅在园林中，一般都有园主赏曲之处，可以拍唱昆曲、评弹，演奏江南丝竹。小榭曲廊中，碧波荡漾的水池旁，随风传来美妙的音律，犹如天籁之音而令人陶醉。如果没有昆曲，也就没有了拙政园的"三十六鸳鸯馆"和"留听阁"这两处建筑。同样，怡园的"藕香榭"、网师园的"濯缨水阁"，都是园主赏曲的地方。戏曲与园林都讲求"移步换景"，昆曲无声不歌、无动不舞，既可动观，亦可静观，正所谓曲与园境含而情契。苏州园林本身就带有含蓄的曲意，这使得园林文化和昆曲艺术成为不可分割的审美有机体。从园林和山水当中自然生发出来的清曲传统，体现出文人的情怀和诗人的本质，是催生昆曲表演的源头。在某种程度上，曲境就是园境，园境就是曲境。连同造园法则曲径通幽也可作曲境通幽，以婉转含蓄为美成为两者共同的艺术追求。

苏州画院的画家叶放联合隔壁四家邻居把自己家别墅的后院改造成苏州园林，还特意在园中修了个戏台，自此以后常有各国的文化人约着要来这里雅聚，而且来了一次后就想常来。他认为古人钟情于园林，因为园林也是有功能化的一面的。他说："在古代，园林是文人听戏社交的场所，就如同现在这个布局一样，前面听曲的回廊和戏台要隔着三米到五米宽的水，因为水是天然的传音工具。而且，这个台的做法以前叫作凌波，这是来自中国传统道家的精神。"面对这种看上去似乎是枕在水上的戏台，人们在听曲的过程中会恍惚进入一种意境，犹如进入了自己曾经读过的仙人故事里。园林带着记忆里的、文化里的、传统里的东西，每一个小细节都和文化传统发生共鸣。

苏州古典园林滋生在中国文化的肥田沃土之中，体现了园林艺术本身所积淀的文化形式，并深受诗词、戏曲、文学的影响，与中国古代文学盘根错节。所以，苏州的园林是要细品的，如果怀着品赏的心情走进苏州园林，楹联、匾额、题字、诗词、碑刻、绘画和戏曲等各种园林的文学艺术形式交融于园景之中，一种浓郁的诗情画意会在人的心中油然而生。景能生情，情能生文，抒发心声，情景交融，心心相通，这便是游园者与古代造园者超越时空地交流了。

第二章 写意山水的造园布局

　　追溯历史，明、清两代是苏州古典园林发展的全盛时期。明代计成在《园冶》中的名句"虽由人作，宛自天开"，既是总结了前人造园的经验，也成为后人造园遵循的原则。苏州园林中那种对自然之美的崇尚和渴望，其文化渊源可追溯到老庄的思想。老子主张"道法自然"，庄子也说"天地有大美"。自然、清新、可爱的自然之美，具有巨大的艺术感染力，是文人和画家在园林创造中首先追求的艺术灵感和源泉。所以，苏州园林从最初为了满足诸侯贵族的生活享乐需要，逐渐发展到追求人与自然和谐相处的最佳人居环境；从对自然山水的稍事修葺，到建造时从择地、布局、构建、意境营造等形成一套完整的园林体系。

　　苏州各园的具体布局方式，因规模、地形和内容的不同而有所差异。其中住宅内园林化的庭院大多设在厅堂或书房前后，这些园林通过湖石、花木、亭廊加以点缀，组成建筑的外景。以畅园、壶园为代表的小型园林基本上是庭院的扩大，而中型园林和大型园林往往是与住宅相对应的独立存在的空间，园门可以直通向外。园林的布局通过借景的造园手法，融合了丰富的社会文化内涵和写意的山水艺术思想，创造出完美的居住条件与生活环境。苏州园林的基本布局方式是以厅堂作为全园的活动中心，将山池、花木面对厅堂设置。在厅堂周围和山池之间用亭榭楼阁和更细致的庭院来点缀，并通过蹊径和回廊将整个园林空间联系起来，组成一个可居可游的写意山水空间。

第一节　化整为零

为了在有限的空间内形成丰富多变的景致，苏州古典园林在布局上采取化整为零的景区划分办法。园林分区主要根据造景的需要，在功能上做适当的处理，将主要的景致安排在园林中心的厅堂前。

规模较大的园林将全园划分为几个区域，每个区域都有相应的风景主题和特色，以求园景丰富多彩。为使园景富有变化，园内各个景区力求通过花木、水景、石峰等元素形成主题和气氛的多样性。例如：拙政园"远香堂"背面是水秀的江南风光，南面是峥嵘的峭立山景，周围还有"小沧浪"水院，"枇杷园"以及"玉兰堂"和"海棠春坞"等花木为主题的小景区，使人印象深刻；留园中部以山池为主题，"五峰仙馆"和"东园"以庭院和石峰取胜，西面以山林野趣为主，变化更为分明。这些以花木和石峰

沧浪亭

拙政园的小沧浪

留园的石林小院

留园的涵碧山房

狮子林的曲径

鸳鸯厅

沧浪亭复廊

古木交柯

网师园

为主题的空间在组合上聚散自如，在环境陪衬、建筑物的形式和高低大小等方面也力求变化，使园景绚丽多彩。

苏州古典园林划分空间的手段是多样的，除了用假山、树木等元素之外，还大量采用墙、廊、屋宇、桥梁等建筑来划分造景所需要的空间。一般来说，小面积的园林其边界和各个区域都是通过屋宇和廊墙来分隔的。例如拙政园中部通过若断若续的走廊、疏朗的假山、或隐或现的云墙分隔空间，使景区自然而活泼。而一些小的景区，例如留园的"石林小院"、拙政园的"小沧浪"，也常常采用以院墙、建筑为主的混合分隔方式来处理空间。

第二节　庭院深深

"山重水复疑无路，柳暗花明又一村"，这句描述对苏州古典园林也适用。苏州园林强调幽深曲折，因为曲折的布局可以增加景的深度。

自然式山水风景园的平面必然是不规则的，园林造景道路环绕、山径曲折，使景致一层一层地展开。在园林的布局中，增加庭院深度感的方式主要是利用了风景之间的层次与引申。大多数园林在进门的地方都设有假山、小院、漏窗等作为屏障，适当地阻隔视线，使人隐约看到一角园景，然后几经盘绕才能见到园内山池亭阁的全貌。白墙小院中的几片芭蕉叶，几株翠竹，透过漏窗隐约可见，推远了空间的深度，激发了游兴。这种靠"隔"来表现的景深，

怡园迎风月门

远香堂后的荷花池

留园的可亭

网师园"小山丛桂轩"北的黄石假山

环秀山庄假山与环境的关系

造成观赏者的"悬念",达到"景有尽而意不尽"的艺术境界。同时,苏州园林重视对景,不管是动观还是静观,绝无轴线对称的现象。从某一点看到的对景,往往要几经曲折才能达到。从拙政园的"远香堂"向西,穿过"香洲",赫然出现"见山楼"。而向东绕过平台,又有"枇杷园"映入眼前。园内空间一环扣一环,庭院一层深一层,在总平面布置中产生了深度感。"庭院深深深几许"的意境在苏州园林中比比皆是。

造园如作画。中国画讲究虚实相生,常在空白之间点染寥寥几笔,以此便体现了山川之高耸、湖泊之深远。园林的布局亦是如此,以高大的树木为背景,以白墙为界,墙上探出几株体态优美的枝叶,造成园外有景的深度感。例如从拙政园的"远香堂"向北看,曾经是一望见底。后来,沿北墙栽种了竹林,挡去了围墙,使庭院的深度成了视觉上不可知的因素。再如网师园水池东北方向的一组建筑,前面是小巧的"射鸭廊"和"竹外一枝轩",后面是院子与竹林,再向后是两层高的"集虚斋",层次处理得十分恰当。这种上下重叠的构图增加了景深和层次感,与中国山水绘画中的"高远法"类似。

在"引申"增加景深的方法中,水面的处理是一个重要环节。拙政园、留园、网师园、艺圃等园林都在水池的一角伸出了小小的水湾,通过水门或小桥分隔湾口,在视觉上推远了水的源头。像这样以水为主的景区,临水建筑

环秀山庄庭院

环秀山庄的假山

宜两亭

艺圃中的假山

常常挑临水面，使水延伸到房屋的下面，造成了相互贯通的感觉。

第三节　以小见大

　　对比和衬托是园林布局中不可缺少的创作手法。一般园林在总体布局上总是疏密相间，从一区转入另一区时，园林的空间由幽曲转为开朗，景物的疏密不断变换，产生对比作用。例如网师园"小山丛桂轩"向西，经过一段曲折的走廊后，一片较大的水域忽然出现在眼前。这种进入主景区前的过渡，正是园林布局对比手法的体现。在拙政园和留园中，厅堂一面是水面，另一面布置山石花木，峭拔的山石和明净的水面，工巧的房屋和自然的林木，以及虚实、明暗、质感、形体等方面都有差别，形成人工与天然的对比。这种安排符合了功能和观赏的要求，同一空间内的树木、山池和房屋在构图上收到了满意的效果。在色彩对比中，建筑中栗色与枣红色的装修与满园的绿意形成了雅致的差别，错落的白墙又在明度上强化了这种差别。

　　"衬托"在苏州园林中的造景运用得也颇为广泛，能够收到主次分明、小中见大的效果。用建筑物和白墙来衬托花木、石峰；用平静的池水衬托峻峭的石山；用低浅曲折的池岸、平直简洁的桥梁和透空的亭榭衬托水面的开阔，这些都是苏州古典园林中常见的手法。除了建筑，水面也是园林的重要衬托要素。水面的位置最低，所以池边造山，

拙政园的远香堂

网师园的水景

小飞虹

拙政园水面的架桥

能衬托出假山崖壁的耸然峭立。假山临水的一面常有小石桥贴水而过，或有蜿蜒的石径临水低行。这种"小"与"低"的布置把山形衬托得更为高大、峻峭。水面的恬静与山石、竹林、房屋的衬托，更显得布景之多变。同时，水面是园林布景中最为"疏"的地方，唯有"疏"才能衬出他处园景的"密"。像壶园、畅园这样的小园林，都以清澈的池水来衬托其他造园要素，使园林景致明丽动人。

在苏州园林中，树木对于山池也有尺度陪衬关系，所以，树木的栽种也要考虑到园林空间的尺度。由于园林中比较重视单株植物的观赏，因此常用慢生的树木来点缀院角庭边，或用大盆景作为园景。拙政园中部池中土山用低矮的竹丛作为基调，放大了假山的比例，颇具山林真趣。

第四节　精致得体

园林要在布局中达到"精而合宜、巧而得体"的境界，就看造园家在设计布局中是如何运用借景、对景和框景的匠心了。

借景是苏州古典园林丰富园景的一种传统方法。通过借景可以突出主题，强化立意，巧妙地将四周的景物借过来，为己所用。根据所借景物不同，借景可以分为仰借、俯借、远借、邻借等。

对景是造园组景的又一种传统手法。就观赏点来说，一个观赏点要与另一个景物相互对映，使之互相有景可观。

苏州园林里最著名的借景——拙政园借北寺塔

拙政园中园的荷花池

留园的漏窗

狮子林的漏窗

在设计布局时，不是孤立地构景，而是注意景物之间的有机联系。苏州古典园林通常在重要的观赏点上有意识地组织景面，形成各种对景。不同于西方庭园的轴线对景方式，苏州园林的布局是随着曲折的平面步移景异，依次展开。这种对景以道路和走廊为前进的方向，通过进门和转折处变换空间。例如拙政园中部从"枇杷园"通过圆洞门"晚翠"望见池北"雪香云蔚亭"掩映于林木之中，以及自西部"扇面亭"望门洞外的倒影楼等景物。厅堂楼阁是观景的重要地点，在这些建筑物前布置山水、竹石、花木、亭榭等组成对景就显得更为重要。比如拙政园池南的"宜两亭"与池北的"倒影楼"隔池相对、互为对景。当然，对景是相对的，园内的建筑物既是观赏点，又是观赏对象。因此，往往互为对景，形成错综复杂的交叉对景。

框景是指用门、窗、洞或由乔木树冠抱合而成的空隙作为画框，把真实山水风景或是竹石小景纳入画框，成为一幅挂在墙上的画。就像留园的"鹤所"，园中弯弯曲曲的廊道墙壁上，镶嵌着不同形状的漏窗作为取景框。透过漏窗观看园中风景，便有一幅幅连续的画面出现。漏窗是苏州园林的点睛之笔，是框景的灵魂，有人把它形容为美人的眼睛。漏窗本身是景，窗内窗外之景又互为借用，隔墙的水榭楼台、花草树木，透过漏窗，景区似隔非隔，似隐非现。随着观者的脚步移动，景色也随之变化，真正产生了一步一景、移步换景的效果。

狮子林的漏窗

狮子林的漏窗

拙政园的漏窗

留园静观中

拙政园的框景

苏州园林中的门洞、漏窗大多是两面通透的，且各有图案花纹，人们从室外通过漏窗、洞门就可看到室内景物。每个窗棂和门框都犹如一个配有特殊花纹的镜框，把风景园林的自然美、绘画美与建筑美统一在镜框之中，布局十分巧妙。

第三章　千古佳话说园林

第一节　源远流长的拙政园

谈起苏州园林，就不能不提到拙政园。拙政园不仅居于苏州四大名园之首，而且还是中国四大名园之一。欣赏拙政园就像进入了园林博物馆，各种造园的要素应有尽有，既能欣赏人为造物的艺术境地，又能领略难以言传的自然情趣。

1. "拙"于政

拙政园建于 15 世纪初，具有浓郁的江南特色，经过了几百年的沧桑变迁，至今仍保持着平淡疏朗的明代风格。拙政园位于苏州娄门内东北街，以前是元代大弘寺的旧址。明正德四年（1509），解职归田的进士御史王献臣回归故乡，为了实现"终老林泉"的愿望，在此地建造了一宅园。"拙政"两字取自晋代文学家潘岳《闲居赋》，意思是说治园种菜，悠闲自得，也不失为愚人的一桩乐事。王献臣将园林题为此名，有点自嘲的意思，同时又流露出中国古

梧竹幽居

拙政园远香堂

代士大夫常有的归隐田园的思想。相传吴门画派的代表人物、王献臣的好友文徵明也参与了造园，形成了以水为主、疏朗平淡、近乎自然的园林风格。拙政园的建造历时20年，1530年方才竣工。王献臣死后，其子一夜豪赌将拙政园拱手相送，从此宅院逐渐荒落。明代末年，此园归了礼部侍郎钱谦益，他将金陵名妓柳如是安置在这里。佳人美景，触物伤情，亦成为拙政园的一段佳话。世事沉浮，拙政园中部和西部主人更换频繁。

2. 吴三桂女婿与拙政园

到了清朝，拙政园被充公。康熙三年（1664）由私人宅园变为官衙园林。1684年康熙帝南巡时曾到过此园。之后，逐渐散为民居长达六七十年之久。这一时期相传拙政园还被平西王吴三桂的女婿王永平买下，此事说来也有点传奇色彩。王永平虽然也是望族子弟，但是在而立之年已经潦倒成为乞丐。一日他在街头乞讨，偶遇一位老者，老者认出了王永平，便对他说："你这么潦倒，为何不去投靠岳父吴三桂呢？"那时吴三桂正是朝廷红人，显赫一时。老者见王永平不信，便说出一段由来。原来这位老者是王永平祖上的仆人，曾听说过王永平与吴三桂之女指腹为婚的婚约。听闻此事，王永平赶快回家翻箱倒柜，果然找到了当年吴小姐的年庚八字和姻帖。他奔波千里赶到云南昆明，造访吴府，出示了姻帖。不久，吴三桂就封王永平为三品顶戴，把女儿嫁给了他。随后，王永平携吴三桂

拙政园水景

芙蓉榭

香洲

荷风四面亭

之女返回苏州，买下拙政园作为府邸。据袁枚的《履园丛话》记载，王永平将此园修葺雕漆一番，构筑斑竹厅、娘娘厅、楠木厅、雕龙刻凤，好不气派。但是，王永平终究未改纨绔之气，很快死于酒色过度，家产充官。

3. 忠王李秀成与见山楼

随着世事的沉浮，拙政园的中西部屡换主人。清咸丰十年（1860），太平军打进苏州城，领军的是忠王李秀成。他骑马进城，想找个地方落落脚，经人指点来到了东北街的拙政园。进园后李秀成看见了亭台楼阁、月门水廊，虽然年久失修，但十分幽雅。可是在园子里却找不到妥当的地方住下来，因为亭子太小了、厅堂太大了，水榭住着不合适，小阁太高不方便，敞轩透风没遮拦。最终，他看到了一座楼，建造在水中央。虽说是楼，偏偏是楼上楼下不相通。从下面平地进去，像是上了船；从上面山路进去，像是在登山；推开窗子向外看，有山有水，这便是见山楼了。李秀成一下子就看中了，便在这里住了下来。自此，李秀成将花园和东、西两面的民宅合建为忠王府，又对花园进行了大规模修建，使拙政园成为忠王府的一部分。园中见山楼便是李秀成的办公场所，每天早上他起来都会推开楼上的窗子四面眺望，远山近水尽收眼底，心胸格外开朗。

有一天，北园有个老农民起早割草，登上了紧靠拙政园院墙外面的一个土墩。他猛一抬头，看到拙政园里的见山楼上，有一个人在向外张望，看到老人时笑了笑。老农

倒影楼

民感到很奇怪，事后一打听，才知道这个人就是鼎鼎大名的忠王李秀成。这消息一传十，十传百。从此以后，每天早上，都会有三五成群的老百姓站在园外的土墩上来看忠王。

有一次，阊门外有两个新入伍的太平军强买了虎丘农民挑进城来的两筐菜。第二天，有人来到拙政园外的土墩上把这事说给了忠王听。忠王立刻派人查明，严肃军纪，处罚了这两个违纪的太平军，以后便再也没有发生过这种事。自此，大家对忠王也更加敬仰，来看忠王的人更多了，连拙政园外的土墩也被千人万脚踏平了。忠王每天在见山楼上，朝外望到的却是一座又一座的人山。

太平军在苏州 3 年多的时间里，李秀成在忠王府里添加了很多建筑。直到清军占领苏州，浩大的工程还没有完工。

拙政园历时 400 余年，变迁繁多，或增或废，或兴或衰，历经沧桑。现存的建筑大多是太平天国以及其后修建的，总体仍不失明代风貌。

第二节　浮浮沉沉瑞云峰

留园位于苏州市城西阊门外留园路，始建于明代。此园规模比较大，景色自然，建筑和园林互为对景，装饰别致多彩，列为苏州四大名园之一。取名"留园"，有"长留天地间"的意思。留园现有面积 2 万多平方米，集住宅、

瑞云峰

冠云峰

可亭

祠堂、家庵、园林于一身，建筑占全园面积三分之一。作为苏州大型的古典园林之一，留园代表了清代园林的风格。

留园素以湖石名峰著称，时至今日，留园内大小峰石有30多块，散布于建筑周围、廊外池边，使人在欣赏园林精秀轩朗的亭台楼阁时，又能从俊美多姿、玲珑可爱的湖石中领悟到园林艺术"石文化"的深层含意。留园中知名度最高的石峰当是"留园三峰"，即冠云峰、瑞云峰、岫云峰。冠云峰是"仙苑停云"庭院的主景和核心，相传为宋朝"花石纲"的遗物，峰高6.5米，玲珑剔透，没有人工斧凿之痕迹，是江南园林湖石之最。瑞云峰、岫云峰位于冠云峰两侧，两峰高分别为4.5米和5.5米，三峰被称为留园姊妹三峰。奇巧而富有画意的置石，是大自然的造化。

在历史的长河中，留园的瑞云峰有一段美丽的传说。话说北宋年间，朱勔在太湖中采得两块奇特的湖石，分别命名为"大谢姑"和"小谢姑"。"大谢姑"先运往东京，深得宋徽宗的喜爱，而"小谢姑"在装船启运过程中突然连船带石沉没于太湖深处。之后，朱勔派了很多人前去打捞，奇怪的是寻遍周围水域就是寻不到"小谢姑"，仿佛这块奇石"游"走了。朱勔没有办法，只得懊丧地放弃了打捞计划。

数年之后，到了明朝，吴县（今苏州地区）陈姓人氏竟在西洞庭山找到了这"小谢姑"。陈氏欣喜若狂，连忙

小蓬莱

涵碧山房

雇人将此石装载上船，准备运往苏州。而奇怪的事情又发生了，石头上船后不久，突然船漏舱破，峰石又落入了湖底，打捞半天还是找不到。陈氏急了，花大钱在峰石落水处的四周筑成堤围，将围中的水排干，这才将"小谢姑"取出，运到家中安置在堂屋前。

过了一段时间，浙江董氏花费巨资从陈氏手中买下了这块奇石。令人不可思议的是：在运输这块奇石的途中，运石船又沉没了。董氏花费了很大的财力人力才将"小谢姑"打捞上来，赠予女婿徐泰时，徐泰时将此石置于自己的"东园"内。清乾隆四十四年（1779），苏州地方官为了迎接乾隆南巡，特将此石搬移到行宫内（现苏州第十中学内）。时至今日，这块颇具传奇色彩的奇石依然屹立在那里。

第三节　乾隆题字真趣亭

狮子林至今已经有 650 多年的历史了。狮子林的取名依据有三个：首先，狮子林中多奇石，最高的是狮子峰，有象形的意思；其次，维则禅师曾倡道于天目山狮子岩，有传道的意思；再次，佛经中有佛陀说法有如狮子吼之说，有正法的含义。

狮子林是吴中古老名园之一，位于苏州城东北的园林路，原址是宋代有钱人家的府邸。元至正二年（1342），为了供奉天如禅师，他的弟子们出钱在吴中买了地，盖了屋，建成园林，取名狮林禅寺。因竹林之中留有奇石，状似狮子，所以也称狮子林。

清朝时，皇帝康熙、乾隆先后几次来游。康熙四十二年(1703)，康熙南巡，曾亲临狮子林，并题"狮子林"匾额。乾隆初年，苏州狮子林附近有一姓黄的人家，出了个状元叫黄熙。黄熙从小喜欢去狮子林里玩，那时的狮子林是狮林禅寺的后花园，当家老和尚见他聪明伶俐，也很喜欢他。有一天，老和尚与黄熙说笑道："你不是很喜欢这座花园吗？那你要好好读书，将来中了状元，我就把这座花园送给你。"这些话当然是随口说说的，哪晓得后来黄熙果然考中了状元。但因为只是末科状元，所以没有被派到官职。曾经老和尚说送花园的事，自然也没再提了，不过黄状元心里一直记得这桩事。

有一年，乾隆皇帝下江南，到了苏州。他听说城北有座出名的狮林禅寺，寺里的假山堆得曲曲弯弯，很是出奇，于是决定要亲自去看看。寺里的当家和尚听说当今天子龙驾就要到来，心里慌得怦怦乱跳。小和尚们吓得缩头伸舌，谁也不敢出来接驾。老住持无奈中突然想起隔壁的黄熙来，心想这人中过状元，文采好，见过世面，让他过来接待龙驾，准不会出偏差。于是，便叫小和尚到隔壁去请黄熙过来。

黄熙一到寺里，住持请他到方丈室坐定用茶，满脸堆笑地说："当今天子就要驾到小寺，老僧恐难迎奉龙驾，

水院全景

卧云室

特请先生过来，相烦周旋周旋。"黄熙满口应承下来。

不多一会工夫，就听开道声传来，乾隆在地方官的陪同下来到了寺外。黄熙和住持师父带着一班小和尚俯首帖耳跪在山门口接驾。乾隆一下轿，黄熙就连呼万岁，随即起身赶上去恭恭敬敬地带路。穿过弯弯曲曲几处殿宇走廊，把乾隆引入了狮林禅寺的后花园。乾隆见园中的假山重重叠叠、峰回路转、十分奇妙。狮子林中假山的名堂可不少，有的堆得像大狮子，有的像小狮子，有的狮子在翻腾，有的狮子在吼叫，有的狮子在滚绣球，有的双狮在嬉闹，真是千变万化。这假山还有许多好听的名字，有的叫"含辉"，有的叫"吐月"，最高的一层假山叫"狮子峰"。

黄熙把狮子林中的假山一一向皇帝介绍起来，十分生动，乾隆越听越高兴，连连点头，还兴致勃勃地钻进假山中，感觉就像走进了深山，半天也绕不出来。园里的树木疏疏密密，非常秀丽。一池清水，游鱼可数，水上有几座桥，怎么看都精致美观。乾隆穿过假山，在一个亭子里坐下后，便问黄熙此亭子叫何名。黄熙晓得机会来了，马上回禀说："这亭子尚未取名，请皇上给它起个名字吧。"乾隆是个喜欢到处题字的人，黄熙的话正中下怀，便吩咐下人拿过文房四宝来，悬笔想了想，一时也想不出什么佳句，就胡乱写了三个大字——"真有趣"。黄熙在一旁见圣上题出这样随意的字句，将来挂起来怕是要遭人耻笑了。于是，他灵机一动上前奏道："臣见圣上御题，笔笔

问梅阁室内陈设

假山与真趣亭

真趣亭

湖心亭与问梅阁

铁画银钩，字字龙飞凤舞，其中这个'有'字更是百媚千态，臣冒昧该死，望乞圣上将这个字赐给微臣吧。"

乾隆题了个"真有趣"三字，自己想想也有些俗气，一听黄熙的话，看出去掉这个"有"字，剩下"真趣"两字，倒是来得风雅，就点头同意了，并在"有"字旁题了"御赐黄熙有"，当场就裁下来，赏给黄熙，把"真趣"两字留在了狮子林中那座亭子中。从此，这个亭子就叫作"真趣亭"了。

黄状元得到了这个御书"有"字，心中暗自欢喜。等乾隆走后，他就把这个"有"字贴在园门上，一并吩咐家人收拾收拾都搬进园子里来。狮林禅寺的住持和尚见了甚感奇怪，问道："你搬来园子里做什么？"黄熙指着门上说："'御赐黄熙有'，这么大的字你还没看到吗？你可是要违抗圣命吗？"那住持和尚这下真是哑吧吃黄连，有苦说不出了。从此，这个花园就和狮林禅寺分了家，变成黄家的私人园林了。其园林部分被精修，取名"涉园"，又因园中有合抱古松五株，又名"五松园"。

第四节　芥子小园网师园

网师园是苏州四大名园之一，以小巧精致简洁取胜，被誉为苏州园林之"小园极则"，堪称中国园林以少胜多的典范。1982年，网师园被国务院列为全国重点文物保护单位；1997年12月，网师园被联合国教科文组织录入《世

殿春簃

界文化遗产名录》。

1. 渔隐与渔翁

网师园位于十全街阔家头巷，其造园历史可以追溯到南宋淳熙年间。吏部侍郎史正志在朝身为大臣，面对南侵的金兵一味贪生求和，所以被罢了官，流落至苏州，在1174年请人建了一座宅院，自誉读万卷书，取名"万卷堂"，并在大门对面造圃，种植了500株牡丹，并题园名为"渔隐"，以表明其远离政治、退隐江湖的志向。这便是网师园的前身。

从宋朝到元明及清初的500多年间，这座花园的主人换了又换。到清代乾隆时（1785年左右），光禄寺少卿宋宗元隐退后购得万卷堂故址，重新规划布置，建成了园林，取名为"网师小筑"。那么，宋宗元为什么要给花园起名为网师园呢？相传与一对渔家父女有关。传说宋宗元晚年才得一子，取名双喜。双喜从小聪明活泼，有一次到瞻台钓鱼，不小心掉入湖中，全亏渔翁王思和女儿桂芝将他救起，又摇船送他回家。宋宗元为了报答王思父女对儿子的救命之恩，特用渔翁的尊称"网师"给花园命名。从此，万卷堂就称为网师园了。实际上，宋宗元是将自己比作渔人，号网师，并以此为花园命名，一方面借"渔隐"的原义，有隐居自悔之意；另一方面，网师园的名字也有一个传说，起因于园旁边有个小巷名叫王思，引出一段王思与涵碧泉的故事。

2. 王思与涵碧泉

网师园那块地方原是一片荒地，野草丛生，荆棘遍地，只有一些野兔和黄鼠狼在草丛中乱窜。在荒地的东南角上有一棵古柏，这棵树又高又大，两个人都合抱不住。古柏郁郁葱葱、四季常青，黑苍苍的树干像一条蛟龙盘旋直上。在古柏的树根处，有一个望不见底的深潭，潭水绿幽幽、清澄澄的，一年四季永不干涸。

有一年发生了饥荒，一批渔民逃荒到此。男女老少勤勤恳恳地在这里耕种，只一年工夫这块地上就长起了青青的庄稼，盖起了不少草棚。这批渔民中，有个70多岁的老渔翁，名叫王思。这位老人心肠很好，人又厚道，左邻右舍都喜欢他。每当天蒙蒙亮的时候，王思就捎了渔网去附近的城河里捉鱼。这个老头的脾气十分古怪，每天从来不多捉鱼，只要一天的用度有了着落，他就收了渔网回家去了。

有一天清早，王思在城河里撒网捕鱼。他静静地看着水面，忽见渔网四周涌起了一个漩涡，以为是鱼群闯进了网里，就用力把渔网提了起来。仔细一看，原来是一条一尺长的四脚蛇，窄窄的身体一曲一扭地蠕动着，乌黑的大眼睛闪亮闪亮的，浑身长满鳞片，肚皮下面长着四只像鸡爪一样的脚，样子有点吓人。王思从来没见过这东西，就把它放进鱼篓里准备带回家去。他路过古柏时坐下来歇息一下，只听见有个声音轻轻地在呼喊："王思，放了我吧！"

王思起初吓了一大跳，还以为是树根的深潭里有人掉下去了。仔细一听，原来声音是从鱼篓里传出来的。王思惊奇万分，连忙把鱼篓打开。只见那四脚蛇猛地蹿了起来，朝着深潭用力一跳。霎时水花四溅，溅了王思一脸一身。王思回过头来，只见那四脚蛇张开了阔嘴巴，吐出一颗明亮明亮的珠子来，说："王思，把珠子藏好，如果有什么困难，捧着珠子来喊我，我就会帮助你的。"说完便不见了踪影。

王思捧起了珠子回到家里。晚上，屋子里宝光四射，一片光明，这真是一颗上好的夜明珠呀！王思心里猜度起来：这四脚蛇一样的东西，大概就是传说中的蛟龙吧。于是，他把夜明珠藏在一只酒甏里，又在家里深深地挖了一个地洞，把酒甏埋了下去。

日子年复一年地过着，过到有一年的夏天，苏州城发生了大旱，旱得河浜都见了底，嫩绿的秧苗都枯黄了。居民没有水喝，要跑到很远的江河里去取水。旱情越来越严重，但那棵古柏根下的水潭却始终是碧水清清。这个奇迹被一传十，十传百，很快就传遍了全城。满城的老百姓一下子都赶到深潭来取水。可是，这口清泉毕竟太小了，架不住这么多的居民挤得水泄不通、你抢我夺。住在附近的王思看在眼里、急在心里。这时，他忽然想起了那颗夜明珠，便挖开了地皮，揭开了甏盖，那耀眼的珠光立即从甏里透射出来。当夜，王思捧着明珠跑到古柏前的水潭边，

"藻耀高翔"砖雕门楼

入口圆门

竹外一枝轩

月到风来亭

万卷堂室内陈设

小轩夕照

彩霞池畔的射鸭廊

雨润小院

大声喊道："蛟龙，明珠在此，苏州干旱，快快取水！"

只听见水潭里一声巨响，蹿上来一条黑苍苍的乌龙，张开了阔嘴巴，那粗长粗长的两根龙须，一翘一翘卷动着。梅花桩似的一对龙角，像一簇美丽的红珊瑚。王思举起双手，把明珠朝蛟龙的嘴巴里丢去。蛟龙一下子就吞下了明珠，向王思点了点头，慢慢地沉下潭底。少顷，潭子里忽然腾起一根几丈高的水柱，一时浪花四溅，雨珠纷飞。一歇工夫，水柱低下去了，那深潭里却源源不断地涌出碧绿的泉水来。这泉水醇厚甘冽，特别好喝。王思开心极了，一路狂奔，喊着乡亲们来深潭取水。消息向四面八方传开去，乡邻们个个开心得跳了起来，在古柏下的龙潭四周挖了一道道深沟，把清泉引到城乡的河道中去。只一夜工夫，苏州城乡几百条大河，都盈满了清水，解除了干旱。苏州又变成名副其实的水乡了。

王思去世以后，人们为了感谢他呼龙取水，在古柏龙潭的周围造起了一座花园，取名"王思园"。后来有人退隐住在这里，精心整修，把这座花园修得十分精巧，名闻江南。因为王思是渔翁，渔翁又有"网师"的称号，所以后来就改名为网师园了。

第五节　沧浪之水清兮

沧浪亭位于苏州城南三元坊附近，现在为人民路沧浪亭街，面积约为 1.07 万平方米，是现存苏州园林中历史

印心石屋

古沧浪亭

最悠久，且是唯一基本保持了旧有规模和风貌的园林。全园布局自然和谐，被誉为"写意山水园"的典范，与狮子林、拙政园、留园一起列为苏州四大园林。

据史料记载，沧浪亭始建于五代。北宋庆历五年(1045)，文人苏舜钦蒙冤遭贬，流徙到了苏州，见一处废园草树郁郁葱葱，水面很是宽广，便出了4万钱的价格购得了园子，并在园子北部土山傍水的地方建了一个小亭，取名"沧浪"。名字取自《孟子·离娄》和《楚辞》所载的"沧浪之水清兮，可以濯吾缨；沧浪之水浊兮，可以濯吾足"。苏舜钦也从此自号为"沧浪翁"，在城市中过起了隐逸山水、逍遥自乐的生活。在沧浪亭居住的这段日子里，他写下了千古名篇《沧浪亭记》，还邀请了欧阳修作了一首长诗《沧浪亭》，有"清风明月本无价，可惜只卖四万钱"的句子，意思是这么好的地方无人欣赏，也暗示了自己才华横溢却无人赏识。沧浪亭自此名声大振。可惜苏舜钦在沧浪亭仅仅住了短短两三年，之后朝廷一纸任命，将他派到了湖州。这次重入仕途，成了他与沧浪亭的诀别。

关于沧浪亭也有一段美丽的传说。相传，清代苏州寒儒沈复在著名的《浮生六记》中这样描写沧浪亭："檐前老树一株，浓阴复窗，人面俱绿，隔岸游人往来不绝。""过石桥，进门，折东曲径而入，叠石成山，林木葱翠。亭在土山之巅，周望极目可数里，炊烟四起，晚霞灿然。少焉，

西部小院

受月池

一轮明月，已上林梢，渐觉风声袖底，月到波心。"书中用小品文记叙了作者与其爱妻芸娘相伴相爱十几年间的情事，而沧浪亭就是这段至情至性的爱情见证。

沧浪亭历经了时代的变迁，已经不是初建时的旧貌了。唯有丘山古木、虬枝苍劲还保持旧时的风度，反映出宋代园林的格局。现存的园林建筑大部分是清代所建，虽然没有金碧辉煌、雕梁画栋，却有着朴实厚重的滋味。

第六节 幽雅宁静 佳"耦"天成

苏州耦园位于苏州古城区仓街小新桥巷深处，三面临水，一面通街，前后设有河埠，其地十分僻静。粉墙黛瓦映衬着小桥流水，颇有江南水乡风韵。

耦园前身为"涉园"，又名"小郁林"，为清初雍正年间保宁知府陆锦致仕归里后所筑，咸丰年间毁于兵火。同治十三年（1874），时任河南按察使的湖州沈秉成侨寓吴中养病，购得此废园，并请画家顾沄在旧址的基础上重新设计规划，扩地营构，建成现在的样子。沈氏夫妻兴趣相通，都爱丹青诗词，天成佳偶，故改名为"耦园"。耦通偶，寓意夫妇一同归隐的意思。从1876年园子落成后，沈秉成夫妇在园内偕隐了8年，伉俪情深，十分恩爱。沈氏之后，耦园几经辗转，历经变迁，先后成为工厂、学校和民居，早已失去了旧时的风貌。直到1960年，经苏州市政府批准，耦园划归苏州市园林管理处管理，出资整修。

山水间

听橹楼

1993年，又全面整修了中部住宅和西花园，迁出全部住户。1995年耦园被列为省级文物保护单位。2000年被联合国教科文组织世界遗产委员会列入《世界遗产名录·苏州古典园林增补》。2001年被列为全国重点文物保护单位。

第七节　半潭秋水一房山——环秀山庄

环秀山庄的最大特点是山景，虽然占地面积仅2000平方米，但因为布局得当，内湖的叠石假山很有深山幽谷的意境，被行家评为中国古典园林之冠。此山为清代常州造山大师戈裕良的力作，虽由人作，却尽得造化之妙，堪称假山之珍。环秀山庄因此而驰名。

位于苏州城景德路的环秀山庄，其旧址原是五代吴越广陵王钱元璙的"金谷园"，宋代文学家朱长文在此建有乐圃，后历经变迁，又改为景德寺和书院。明万历年间，大学士申时行买下此处的宅第，当时并未大兴土木，一直到清康熙初年，申时行的后人改称"蘧园"，因建有"来青阁"而闻名于苏州城。清代乾隆年间，苏州人蒋楫购得此园，他延请行家规划园林，在厅东建了"求自楼"，楼后筑假山，开挖水池，得"飞雪泉"，并广植树木花草，使园子初具林泉规模。环秀山庄的大发展是在嘉庆年间，文渊阁大学士孙士毅购此园为宅邸。孙氏后人孙均雅好林泉、善书画，并请来常州叠山大师戈裕良重构园林，叠石为山。整个假山占地仅330平方米，却通过巧妙的构筑给人千山万壑之感，成为全园的精华。道光二十九年 (1849)，此园又为汪氏富商所得，成为汪氏宗祠"耕耘山庄"的东园，建造"问泉亭""补秋舫"等，以环秀山庄为主堂，所以此园也更名为"环秀山庄"，又称"颐园"。其后，世事变迁，战乱频起，园子逐渐荒废，到 1950 年，仅存一山、一池、一舫，面积不足 1300 平方米。1979 年，苏州市政府对假山进行了维修，并重建了"半潭秋水一房山"亭。1984 年又遵循文物保护的原则，恢复四面厅、楼廊，整修围墙，铺砌地面，加固假山，疏通"飞雪泉"，清理水池，并与园前的旧王鏊祠贯通，连成一体。1988 年被国务院列为全国重点文物保护单位。1997 年，作为苏州古典园林之一，环秀山庄被联合国教科文组织世界遗产委员会录入《世界遗产名录》。

环秀山庄的布局采用前庭后院式，虽然占地面积仅2000 平方米，在布局上却不是以水池为中心的小园布置手法，而是以山为中心，理水为带，环绕山间。建筑虽屈指可数，却高低起伏，疏朗有致。环秀山庄的园外并无景色可借，所以在造景时颇有些难度，但因设计巧妙，园林内的各个要素得以融为一体，咫尺之地，却显出深山幽谷的意境。

走进环秀山庄的大门，就可以看见"有谷堂"横陈于前。穿过厅堂，前面豁然开朗，整个园林的全景一下子呈现在眼前。园中有一片不大的水面，池南是花厅，水北是"问泉亭"，浮于水面上。"问泉亭"是一座歇山式屋顶

石洞中看亭

的四柱方亭。亭中置有圆形的石桌石凳，亭四周设置了美人靠。亭子上悬"问泉"匾额，亭柱上刻有"小亭结竹流青眼，卧榻清风满白头"的诗句。游人在亭中小憩，可以坐在美人靠上欣赏园景。"有谷堂"的左边是"补秋舫"，横卧于园子的北端，犹如一艘豪华的画舫。从"补秋舫"向北，靠西墙建有边楼和廊道。粉墙之上排列着雕刻了各种图案的漏窗，素雅美观。边楼的外墙是玻璃明窗，在楼上便可俯视整个假山和池水全景。放眼望去，应有尽有。还有一个枕山而筑的小亭子，名为"半潭秋水一房山"。整个园林极小而精致，将造园中的小中见大、空灵充实的意境表达了出来。

环秀山庄最大的亮点在于假山，占地仅 330 平方米，却有大山之势。山径、洞穴、飞梁、绝壁交相呼应，艺术水平极其高超，真是"园小则见其大，山小则显其深"。不愧是造山大师戈裕良的杰作，堪称湖石假山的典范。

假山位于环秀山庄的中心，构成了全园的主景。从园子的东北部起势，向南临水，以湖石叠成，特别是水与假山的交界处，仿造了自然的石矶，使水与山之间连绵不尽。假山有主次之分。主峰位于西南角，状若狮子，高 7.2 米，三个较低的次峰在周围环绕，雄奇峻峭，相互呼应。主山的山势连绵不断，不仅有高耸感，又有跃动之势，分前、后两部分。主山左右辅以两条幽谷，谷深 12 米，外观峰壑林立，内部洞穴空灵。谷上架有石梁，虚实对比使山势

假山、水池与建筑

挺拔，体态浑然天成，体现了自然山的多种美姿。山上有小径，长 60 余米，顺山势曲折盘旋。沿路而行，可细细品赏山峰的俏丽、山崖的险峻、山谷的幽深，登高至顶可以俯视大半个园林。这充分体现了既可远观，又可近游的特点。虽身于假山中，却似行走于真山林。现代园林大师陈从周称："环秀山庄假山允称上选，叠山之法俱备。造园者不见此山，正如学诗者未见李杜，诚占我国园林史上重要一页。"

环秀山庄以假山造景为中心，布局却十分得体，建筑、植物、水池虽是配角，却能做到各得其所，各要素配比得当，宛若天成。把自然山水凝聚于小空间中，真可谓是咫尺山水、城市山林，在苏州古典园林中独放异彩。

第四章　苏州园林的传承与革新

　　关于私家园林的由来，有这么一种解释：古代都是木结构房子，为了防火，就在庭院里摆上水缸，后来水缸越来越大，为了审美开始种荷花养鱼。不过，以前是对水有严格控制的，水缸多大都是有限制的。有些在北京做官的人回到天高皇帝远的水乡江南，就把水缸发展成水池，然后铺设山水开始放肆地审美。从这个解释上讲，园林是以居住功能的四合院进一步物质审美化的过程。粉墙黛瓦下，80多岁的吴门画派的传人吴敉木先生在他的残粒园对访问他的记者讲述了关于这个现在苏州仅存的、唯一还属于私家拥有的园林的故事："在我印象里，这个园林就是用来吟诗作对的，每每有朋友过来找我父亲，父亲就会带着他们到园里。在我印象里就有吴昌硕、沈钧儒等很多名家。"残粒园是吴敉木的父亲、当时画坛名家吴待秋在1929年购买的，前身是一位盐商留下来的"东园"。以前，园林就是用来会客的，朋友来了就在家里搬文弄墨，这样的方式是当时所盛行的。事实上，文人墨客乐此不疲，这样的活动已经盛行了上千年。

第一节　传统性文化符号的商品化

留存至今的苏州古典园林，对于后人来说其生命是否随着时代的发展而消失了呢？是否应该卸下民族进步的重负，让苏州园林安安静静地躺到博物馆中呢？其实，这种以时代先后作为园林评价标准是一种绝对的机械论。可以这样说，在自然环境和精神文化环境混乱复杂的现代社会中，苏州古典园林是一片清静绿地，自然美的抚慰和高雅精神文化的陶冶能帮助现代人超尘脱俗、清心散忧、净化灵魂。这样人性就有可能回归，心智就有可能恢复，人们就有可能实现全面谐调的可持续发展。所以，苏州园林的古典时期虽已结束，但其生命却并未因此而终止，相反仍有其不可限量的生命力，对人类生存环境的思考和现代设计产生深远的影响，向现代的中国人演绎、传播属于中华民族自身的传统文化。

苏州园林在明清时期得以大盛，所以现在见到的大多数经典园林是明清时代建造的。从格局、风貌和建筑式样上看，这些园林一脉相承，又各有特点，留下不同时代的烙印。时代在发展，建筑的手段、材料和技术都有很大的变化，在园林的建造上也能体现出这些新成果的应用。例如苏州狮子林荷花厅的柱、平台和屋顶都用了当时的新材

苏州图书馆门厅

料，旱船也用磨石子水泥建造。而拙政园西部的"三十六鸳鸯馆"及旁边的桥栏杆，都用到了当时最时兴的彩色玻璃和铸铁件，在中国传统的氛围中渗进了一些西洋式样的元素。这些局部的构件体现出了园林的发展态势。但是，总体来看，数百年中江南园林的发展演绎，如同中国传统建筑一样，习惯于承袭的惯性，鲜见创造和图变求新。直到改革开放以后，大量外来文化的进入，使中国建筑界刮起了一股欧陆风情风，西方的园林艺术布局也就出现在许多新建的城市绿地中。大草坪、几何形花坛、西洋图案花纹等，甚至许多外来的植物也出现在了中国城市公共绿地中。而当西方的城市绿地规划越来越讲究自然和谐时，苏州园林的独特艺术形式也正在被人们所发现。随着人们越来越希望与自然和谐相处，并通过对 300 年来历史的深刻反思，不断表达对回归自然、返璞归真的由衷渴慕。以苏州园林为代表的中国古典园林，正是最具典范性的生态艺术，最能充分体现天人合一、人与自然和谐交往的精神，以及东方生存的智慧。它虽然产生和发展于古代，却能以其"绿色启示"影响现代，是符合时代发展趋势的。

最近十余年里，苏州园林正在走向街头、绿地，走向新的私家院落、庭园、住宅小区，走向公共建筑的室内外环境里。

首先，来看苏州的城市绿地规划。作为古典园林的遗产地，苏州以"瘦漏生奇，玲珑安巧"的太湖石作为城市雕塑点缀于街道绿化带中，以亭廊结合式的卷棚歇山顶建筑作为公交车站，车站内挂流苏宫灯，墙有漏窗花窗，甚至柱上悬挂楹联，坐凳则为"美人靠"。如此种种，颇能显现出古典园林的艺品雅趣，与街坊商店构成古韵今风、相映成趣的宜人景观。作为园林城市的苏州来说，这可看作是园林文化的多向延伸，显示了苏州浓郁的园林情调和古色古香的艺术氛围，它们和古城环境构成了表里内外、互生互补的审美关系。

其次，近代也营造了一些有一定规模的私家园林。如苏州的翠园、吴江的静思园等。私家造园构景大多直接接受了苏州园林的"绿色启示"，是地域经济、文化发展的表征。而这些启示同时还影响了房地产开发，使园林元素走入了寻常百姓的住宅外环境中，不得不说这是又一种值得关注的时代新走向。如今许多楼盘都开始重视小区的景观环境设计，有一些以中国古典园林的布局特点为依据整体规划外环境，形成宅外有系列景点、宅内有大小景观的特色，构成了"园外有园，园中有宅；宅外有园，宅中又有园"的包容性群体格局。这些住宅建筑大多是外古内今，内部空间处理较之古典园林住宅更适宜现代人的居住习惯。这既是对传统的超越，又是对传统的回归，体现了"回归自然，天人合一；回归文化，人文合一"的自然生态和文化生态符号，创造了内外宜人的游居环境。这种设计理念不仅使江南地区的许多住宅建设引入苏式园林作为

由著名设计师贝聿铭设计的苏州博物馆

苏州博物馆

亮点，大胆开拓创新，形成古今一脉的文化符号，还不断向全国各地辐射，影响波及东南西北，显示出一种经典文化的张力和前景。

再次，苏州园林的影响已经走向了公共建筑的室内外环境中。图书馆、古籍馆、一系列博物馆，以及一些公共建筑乃至高级宾馆的室内空间陈设布置，都受到了苏州古典园林风范的影响。就拿建筑大师贝聿铭先生设计的苏州博物馆来说，可以给我们一些有益的启迪。

苏州博物馆位于古城区，与世界文化遗产拙政园、国家重点文物保护单位忠王府一墙之隔。对此，贝聿铭的解决方法是使新建成的博物馆成为经典园林现代化的延续，通过不同的空间序列转换，继承城市的历史文脉，同时又使单体建筑显示出自身在整体中的独立性格。苏州博物馆的设计思想源于古城文化，新馆的粉墙黛瓦、小桥流水，精致秀美，体现了传统建筑风格与现代建筑手法的结合。作为庭院式的园林，新馆应用了许多苏州古典园林的符号，构思也很巧妙，与原来拙政园的建筑浑然一体，又有其本身的独立性。以中轴线及园林、庭园空间将两者结合起来，无论在空间布局还是城市肌理上都恰到好处。新馆建筑群类似三条轴线的群体布局和东侧的忠王府格局十分和谐。同时，在尺度上，苏州博物馆新馆与江南合院式住宅相呼应，在现代几何造型中体现了一落九进、错落有致的江南特色。但是，在建筑材料上，却没有使用传统的木料，而

苏州博物馆

是用钢材和玻璃将其替代。苏州博物馆里到处可见三角形、菱形和平行四边形的几何构成，还有无数并列的直线为空间制造韵律。为了让建筑的现代几何形体更能表达地域特色，同时又能合理应用光线，贝聿铭设计了由几何形态构成的坡顶，在形式上继承了传统古建筑的斜坡屋顶，又突破了传统大屋顶在采光方面的束缚。建筑屋面的瓦采用"中国黑"花岗岩，代替了传统的小青砖，与黑白灰三原色形成默契，融入城市的肌理中。拙政园和新馆之间虽然有高墙相隔，但贝聿铭在新馆内用大约五分之一的空间设计了一座有池塘、有亭台、有假山、有紫藤的休闲小园，没有抄袭江南园林的手法，从结构到形式全是新意，给人的感觉是苏州园林的变种和延续。并且，小园中的紫藤是从拙政园里文徵明手植的紫藤上移植的一枝新株，这意味着把文脉也延伸了过来，使新旧园林融为一体。

第二节　地域性文化符号的国际化

造园追随自然、再现自然、以小见大、以虚仿真，这构成了苏州园林的形象主体，在拥挤的都市，创造出了一片巧夺天工的山水家园。环秀山庄、狮子林，以山石为园林的核心；网师园、沧浪亭，是理水治园的典范；耦园与艺圃，在人文生态与自然生态的结合上各有其独到之处；至于列为"中国四大园林"的拙政园和留园，更是自然与人文两种生态完美交融的经典。作为苏州园林的典型例证,上述 9 园已经先后被联合国教科文组织列为"世界文化遗产"。然而,苏州还有其他很多座园林还未列入这个名录。虽然这些园林的面积、形制、主题、样式各不一样,但本质是相通的。园中的亭台楼阁、山水花木、匾额楹联无不都出自造园者的匠心,既是对自然山水的浓缩,又是对人间胜境的传神提炼。

苏州园林是沟通人类物质世界到心灵世界的桥梁。面对每一座苏州园林,不仅可以享受那里的亭台楼阁、草木湖山,更可以在那意象万千、清静雅致的环境中洗濯灵魂、磨砺意志,就像古代渔父所启示的那样,通过苏州园林的门和桥,从现实的苦境中摆脱出来,以更加坚强更加轻松的步履迈进全新的精神世界。同时,苏州园林又是沟通东方与西方、古老与现代的桥梁。"以其精雕细琢的设计,折射出中国文化中取之自然而超越自然的深邃意境",这是 1997 年 12 月联合国教科文组织世界遗产委员会对首批被接纳为《世界遗产名录》的拙政园、留园、网师园、环秀山庄四园所作出的评语,非常贴切地概述了苏州园林的两大特色——精良的布局设计和内涵的精气神韵。2004年,联合国教科文组织世界遗产委员会第 28 次会议确定在"中国名副其实的园林城市"苏州召开,与会的众多专家、政要,也无不以此类评语赞美苏州园林和"园林苏州"。所以,苏州园林绝不仅仅是眼前所见的如诗如画的风景,而是一座方寸中的人文世界,被作为中华文化的缩影一代

拙政园鸳鸯馆

留园五峰仙馆前的假山

网师园樵枫径

环秀山庄问泉亭

代地传承了下来，在这里能体会出满园凝固的历史。

　　苏州园林为西方展阅东方提供了最佳的时空跨越桥梁。那些洋装革履的外国旅游者们来到苏州，往往对中国古典园林持有一种近乎神圣的敬仰。他们一踏入园林的大门，便步履轻快、话语轻柔，举手投足都显得格外温文尔雅，眼神里流露出了近乎贪婪的喜爱。所以说，苏州古典园林扮演了一个向西方展示东方文化的雍容气度的角色，不仅每年能吸引大量的外来游客，还义不容辞地挺身走出国门，向更多难以远涉重洋到中国实地欣赏苏州园林的倾慕者们展现自己的身段风采。

　　早在 1972 年，当时的美国总统尼克松访华，中美关系开始缓和。美国纽约大都会博物馆收集到一套明代家具，想有一个与之般配的展示场所，于是打算设计一个园林式的展厅，便请教了中国园林大师陈从周。陈先生说："既然是明代的家具，就应该放在明代的花园里，我来给你们找一个正宗的明代花园，用不着费功夫去设计。你们这几件家具放到那样花园里最合适不过了。"于是陈先生带着他们来到了苏州的网师园，选定了"殿春簃"这个院落。陈先生把这个搬到美国去的殿春簃小花园命名为"明轩"，意思是明代的小轩。1980 年，以网师园"殿春簃"为蓝本设计的小型化苏州园林"明轩"坐落于美国纽约大都会艺术博物馆中，随即在这个超级大国中引起了不小的轰动。纽约大都会艺术博物馆中国馆的后部，门框上刻有篆字"探

殿春簃半亭

幽"的门洞便是入口。进得园中，只见一石一木布局极其精巧，建造工艺也极其精湛。花台在前，石阶数步，庭院不是很大，有小池一泓，其中游鱼可数，点缀着孤石数块。院中建有半座小亭，适得其所。房槛共三间，白粉墙，方砖地，通过大大的窗户隔扇区分室内外。屋内漏窗也仿照苏州古典园林的样式制作，并在窗外设置了一丛修竹、一块顽石、几株芭蕉，翠绿欲滴，纯是自然成景。"明轩"中的家具也是真正明代遗物，靠椅条几，书屏床榻，两架书柜，在此让异域人士领略到了中国园林的风采，了解了中华文化的精髓。同时，为配合"明轩"的修建，还专门新建了东方艺术画廊。它环抱了"明轩"的三面，两组建筑互为映衬，经常展出中国古代艺术品，成为观赏和研究中国古代艺术的中心。

可以说，"明轩"是中国第一例园林出口工程，开创了中国园林工程出口的先河，是境外造园的经典之作，被誉为中美文化交流史上的一件永恒展品。"明轩"之后从此一发不可收，苏州园林成群结队地走出小巷深闺，越来越频繁地亮相于世界各国名城。如日本的"齐芳亭""金兰亭""荷风四面亭"，美国纽约的"寄兴园"，波特兰的"兰苏园"，法国巴黎的"怡黎园"，加拿大的"逸园"等，甚至连上海赠予法国的"马赛园"也都是纯粹的苏州园林样式。苏州古典园林开始整装出口，不仅把中国传统建筑艺术中的亭台楼阁、飞檐斗拱展示给了全世界，同时也把中国的文学、诗画、盆景、匾额、楹联书法、家具陈设，连同吉祥寓意、借物寄情等文化内涵全盘地展现了出来，在他乡异域获得了广泛的认同和无数的知音，成为中华文化传播的桥梁。

由此可见，在追求"传承"与"革新"中，既要继承传统，尊重、融合地方特色，又要有所创新，适应时代的要求，用具体的象征和复合的形态作为文化的符号，使人们感受到空间的隐喻、暗示和叙述等文化的深层次表现，并产生一定的认同感和归属感。

美国纽约大都会艺术
博物馆"明轩"庭院

附　录

在苏州古城的内外还散落着许许多多的小园林。这些小园林既有"文人写意山水园"的共性，又各自在艺术创造上有着独特的造诣。它们与前面讲述的园林，一起构成了苏州古典园林群体，使苏州享有"园林之城"的美誉。

怡园

位于苏州人民路 343 号，建于清末同治光绪年间，是宁绍台道顾文彬在明尚书吴宽的旧宅上建造的典型的江南官僚私家园林。此园总平面东西狭长，面积约为 6000 平方米，分东、西两部分，中间通过复廊相隔。东部庭院以建筑为主，有"坡仙琴馆""石听琴室""玉虹亭"。南侧的庭院峰石古松林立，建筑因此得名"拜石轩"。西部为山水花园，是全园的重点所在。东西狭长的水池位于中央，池北叠湖石假山，建筑临池南而建。在造园艺术上汲取了宋、元、明、清的组景手法，博采众长，把历代园林风格糅为一体。园中凿池堆山，扩增空间，假山、桥梁、建筑交错配合，使空间结构迂回深远。藕香榭、锁绿轩、画舫斋等建筑小巧雅致，山水花木层次分明，凝眸静观，耐人玩味。

曲园

位于苏州人民路马医科43号，是晚清学者俞樾的故居。俞樾亲自参与了规划设计，筑有"乐知堂""春在堂""认春轩"等30余楹。在其旁隙地筑一小园，园面积极小，仅"一曲而已"，便取《老子》"曲则全"之意，名为曲园。园中景观简约素雅，建筑不事雕饰，具有文人园的风范。园内景致也以"曲"为主题，曲径通幽，曲廊蜿蜒。有一小池名为曲水，池畔点缀一小亭，颇有生气。

听枫园

位于苏州庆元坊12号，面积4670平方米，内花园1130平方米，为清光绪年间苏州知府吴云所建。此园"宅居不广，却小有花木之胜"，与曲园之"微"相评量。园在住宅之东，园中有古枫婆娑，所以取名"听枫园"。主厅"听枫山馆"位于园林的中心，南北各有庭院一区。南院花木茂盛，山石多姿，主要建筑有"味道居""待霜亭""适然亭"等。北院有清池一泓，半亭林池花木掩映。馆东曾

曲桥与锦鲤

过云楼

曲园的曲水亭

听枫园

五峰园的主厅

是吴云的书房"平斋"。斋前假山虽小，但曲径逶迤，循蹬道而上有"墨香阁"。斋、阁自成院落，为全园的精华。园内花木扶疏，四周有曲廊贯通。在这样一处小小的庭院中，能有如此精巧的布置，可见设计者之匠心。

五峰园

位于苏州阊门西街下塘，始建于明代嘉靖年间，相传为长洲尚书杨成所筑，俗称"杨家园"。又有一说为文徵明侄子文伯仁所建。园林面积为 6000 平方米，园中置池，池南土山上是五座太湖石峰，高二丈，极具皱瘦漏透之态。全园以五峰为胜，辅以水池，并筑有桥、亭、舫、廊。园西南角的土墩，民间相传为唐柳毅墓。

鹤园

位于苏州韩家巷，与曲园、听枫园南北为邻，面积约为 2000 平方米，为清光绪宣统间洪氏所建造，取俞樾所书"携鹤草堂"而名"鹤园"。园林小巧紧凑，宅园东西平列，宅第五间三进，通过粉墙花窗为屏障，使园景简洁幽雅。出门厅东侧有长廊贯通全园，将园内分隔成数个小院落，增加了层次感。园中以水池为中心，方池镜平，池形如鹤，颈部向西，上架有一座小石桥。池周围叠石立峰，花木掩映。四面厅与桂花厅南北相对，月亭与风馆东西相望，"听秋山馆"隐现于翠竹中，别具一格。

畅园

是清代晚期的宅园，位于苏州庙堂巷22号。宅院面积2760平方米，花园1410平方米，建园的历史缺乏记载，相传为清后期官僚所建。畅园面积虽小，但布局巧妙，园景层次丰富，建园手法细腻，是苏州具有代表性的小园林之一。园中建筑的比例尺度与环境相协调，山石花木配置少而精。全园采用封闭式的布局，以水池为中心，周围绕以厅堂、船厅、亭廊。池形狭长，南端斜架曲桥，使水面聚分为二。池北主厅"留云山房"临池而建。池东傍水连长廊，曲折蜿蜒，高低起伏，中间有一小亭微凸，临于水边。在亭廊与东园墙间有个小院，缀以湖石，栽种竹丛、芭蕉，透过洞门、花窗看去，自成小景，是苏州园林巧用空间创造景致的典范。

壶园

位于苏州庙堂巷7号住宅的西侧。此园面积仅300平方米，但堪称以水为主景的园林佳例。园林池水曲折，池上架桥2座，北、东两面厅廊临水而建，凌水六角亭增加了池面的开阔感。水池两岸树木湖石错落，间植海棠、蜡梅、天竹等，掩映于水石亭廊间。更有白皮松斜出水面，增加了空间的层次变化。无论从南望北还是从北看南，都有活泼生动的风景构图。

畅园

残粒园

位于苏州装驾桥巷 34 号，建于清光绪年间。原为扬州某盐商住宅的一部分，称为东园。住宅有中、东、西三路，园在住宅东路花厅东侧。民国时期归画家吴待秋所有，取唐代李商隐"红豆缀残鹦鹉粒"句意，名为"残粒园"。全园面积极小，约 140 平方米，仅相当于拙政园远香堂的面积，却以小中见大著称，巧妙地利用空间，将亭子、假山、水池、花木组成曲折高低的景色。此园以水池居中，湖石筑石矶，池西靠墙堆砌了湖石假山，进山洞循石阶可登上"栝苍亭"，亭中可观全园之景。亭侧门可通向花厅，花厅庭院有湖石叠成"小天地"泉眼，终年不涸。壁间有书条石 5 方，为苏州小型园林的精品之作。

北半园

位于苏州白塔东路 82 号，初建于清乾隆年间，咸丰年间归安徽人陆解眉，取名"半园"。因城南仓米巷史氏的园子也有一座半园，故名"北半园"，以作区分。园内建筑形态追求"半"，如半廊、半船、半亭、半桥，藏书楼层高也为两层半。主厅取"知足不求全"之意，名曰"知足轩"。北半园的面积也很小，但景致布置紧凑有序，因独特的以"半"为主题的构思，使园子具有很浓的趣味性。

拥翠山庄

拥翠山庄

位于苏州虎丘山二山门内古"憨憨泉"遗址西侧，建于清光绪十年（1884）。全园面积1000平方米，共分四进，随地势高下错落，庭院中散植梅、柳、蕉、竹，凭山远眺，四面入景，绿意盎然，所以取名为"拥翠山庄"。此园布局利用虎丘天然山坡，总平面略近长方形，剖面呈阶梯状，此乃古城台地园格式。一层抱瓮轩面阔三间，东墙的漏窗外就是"憨憨泉"。轩北不远处，平台凸起，台上建有问泉亭。由假山蹬道而上便是园中主厅灵澜精舍，东边有一个大平台居高临下，可以俯瞰虎丘山一带的风光。主厅后间隔了一个小庭院，建了后堂"送春簃"，庭院用围墙封闭，布局整齐。全园不拘泥于有无水池，结合地形创造台地园，巧于因地制宜，并远借虎丘塔、狮子山等景致，构成了一座写意山水园林。

退思园

位于苏州西南18公里的吴江区同里镇，始建于清光绪年间，历时2年。园主任兰生在安徽凤阳等地任兵备道，因营私被解职，回乡以度晚年。此园的设计者是当时著名画家袁龙，占地6500平方米，面积不大却意境深远。取《左传》"进思尽忠，退思补过"之句意，名为"退思园"。园林素净淡雅，具有晚清江南园林的建筑风格，布局独特，亭台楼阁一应俱全，以"贴水阁"闻名于世。结合植物配

退思园

景，点缀四时之景，给人以清澈、明快之感。园林家陈从周先生曾这样称赞它："吴江同里镇，江南水乡之著者，镇环四流，户户相望，家家隔河，因水成街，因水成市，因水成园。任氏退思园于江南园林中独辟蹊径，具贴水园之特例。山、亭、馆、廊、轩、榭等皆贴水，园如出水上。"由此可见，退思园以水池为中心，环水一周布置各类景点，相互呼应，疏密得当。巧用水景的做法，使游者在精心构造的场景中体味自然水乡的情调。